www.ingramcontent.com/pod-product-compliance
Lightning Source LLC
LaVergne TN
LVHW020442070526
838199LV00063B/4830
* 9 7 8 8 1 9 5 9 8 8 6 8 6 *

رؤف خلش

نئی رُتوں کا سفر

شعری انتخاب

(۱۹۶۲ء تا ۱۹۷۹ء)

© Taemeer Publications

Nai Ruton ka Safar (Poetry)
by: Raoof Khalish
Edition: November '2022
Publisher & Printer:
Taemeer Publications, Hyderabad.

ISBN 978-81-959886-8-6
9 788195 988686

مصنف یا ناشر کی پیشگی اجازت کے بغیر اس کتاب کا کوئی بھی حصہ کسی بھی شکل میں بشمول ویب سائٹ پر اَپ لوڈنگ کے لیے استعمال نہ کیا جائے۔ نیز اس کتاب پر کسی بھی قسم کے تنازع کو نمٹانے کا اختیار صرف حیدر آباد (تلنگانہ) کی عدلیہ کو ہو گا۔

© تعمیر پبلی کیشنز

کتاب	:	**نئی رُتوں کا سفر**
مصنف	:	**رؤف خلش**
صنف	:	شاعری
ناشر	:	تعمیر پبلی کیشنز (حیدر آباد، انڈیا)
تزئین	:	تعمیر ویب ڈیولپمنٹ، حیدر آباد
زیر اہتمام	:	سید مکرم، سید معظم، سیدہ غزالہ، سیدہ راحیلہ
سالِ اشاعت	:	۲۰۲۲ء
تعداد	:	(پرنٹ آن ڈیمانڈ)
طابع	:	تعمیر پبلی کیشنز، حیدر آباد - ۲۴
صفحات	:	۱۲۸
خوش نویسی	:	محمود سلیم

انتساب

اُس کے نام
جو نئی رُتوں کی خوشبو
محسوس کر سکے!

میں کون ہوں، بدلتے ہوئے موسموں کا راز
مجھ کو نئی رُتوں کے سفر میں تلاش کر!

فہرست

اشاریہ	رؤف خلش	5	تا	6
نظمیں		9	تا	52
نثری نظمیں		55	تا	66
غزلیں		69	تا	119
عدم کی تلاش	از: حسن فرخ	121	تا	127

اِشاریہ

رؤف خلش

'نئی رُتوں کا سفر' میرا پہلا شعری انتخاب ہے۔

نئی رتوں کا سفر، میرے نزدیک ایک تخلیقی اور ذہنی عمل ہے احساس و مشاہدہ کا، اور اس وسیلہ سے خود اپنی بازیافت کا۔۔۔۔۔ اگر جینا ایک سچائی ہے تو سوچنا، بولنا، لکھنا اور پڑھنا ایک تجربہ ہے اپنی ہی جبلتوں کو کھوج نکالنے کا، نتیجہ کی سطحیں الگ الگ ہو سکتی ہیں۔ کم از کم مجھے ادب کی یہی توجیہہ سمجھ میں آتی ہے۔

۱۹۶۰ء کے اوائل میں میرے ادبی سفر کا آغاز ہوا۔ تاہم یہ انتخاب ۱۹۶۲ء سے کیا گیا ہے۔ میں اپنی اٹھارہ سالہ شاعری کا انتخاب پیش کرتے ہوئے مطمئن کم ہوں، مضطرب زیادہ۔۔۔ غالباً اس لئے کہ اظہار و بیان کی وسیع تر جہتوں کی تلاش یہی چاہتی ہے۔

میری شاعری کے پس منظر پر حسن فرخ کا "دیر موصولہ" مضمون، جو کتاب کے اخیر میں شامل ہے، میرے لئے "سندیابی" نہیں، "خود شناسی" کا ایک مظہر ہے۔

یہ کتاب اس کے نام منسوب ہے جو "نئی رُتوں" کی خوشبو محسوس کر سکے۔ اس لحاظ سے جو کوئی ان نظموں اور غزلوں کو پڑھتے ہوئے، شاعر کے تجربے میں جس حد تک شریک ہو گا، اسی حد تک ان تخلیقات کی وجودی اہمیت تسلیم۔ میں ایسا کہہ کر اپنے یا کسی اور کے تعلق سے کسی خوش فہمی کا شکار نہیں ہوں بلکہ یہ واضح کر دینا چاہتا ہوں کہ میں تغیر و تبدل کی امکانی فضا کو ہر لمحہ قبول کرتے رہنے کا قائل ہوں۔ یوں بھی اپنی اپنی حیثیتوں میں قاری یا فنکار، لفظ و معنی کی تہوں کو کھولنے اور پسند کرنے کے معاملہ میں کچھ مختار بھی ہے، کچھ مجبور بھی۔۔۔۔۔

رؤف خلش

۲۰/جولائی ۱۹۷۹ء

حیدرآباد دکن (انڈیا)

نظمیں

پت جھڑ
بن باس
مشینی شہروں کے نام
محبت کا ٹرمینس
نیا پل اور ایک شام
ایک نظم
سالگرہ
پتھراؤ
ندامت کی اجلی پناہوں میں
دائرے
اکتاہٹ
بات پرانی برسوں کی ۔۔۔
آسماں کا رنگ نیلا

دلدل
بیتے موسم لوٹ نہ آئیں
پسِ دیوار کا منظر
مرغولے دھوئیں کے
آہٹیں
مقتل میں
نیا مفہوم
مثلث حدوں کی علامت بنے
جھونک دو
ایندھن
بوسیدہ ڈھانچوں کے انبار میں
خواب چکناچور ہیں
پئے موسم گل
واہمہ پانی کا

پت جھڑ

آج پت جھڑ کی رُت گھِر آئی ہے
ہچکیاں لے رہا ہے سنّاٹا
زرد پتّوں کی سرسراہٹ ہے
اب کے ساون بھی آئے تو کیا ہو؟
کوئی چڑیا نہ چہچہائے گی
کوئی میری فغاں نہ سمجھے گا

بن باس

اکیلے پن کی جب گھٹنی ستائے
میں اپنے آپ کو پھر ڈھونڈتا ہوں
کسی دیوار کے اِک پوسٹر پر
بھری سڑکوں کی بوجھل رونقوں میں
لہو میں جو کشش تھی ہو گئی کم!!
کہ جل کر بجھ گئے رشتوں کے دھاگے
چٹختی ہڈیوں میں کیا ملے گا ؟
مرے اندر کا اِنساں سو چکا ہے

ملا تھا رام کو بن باس بن میں
مجھے اپنی ہی نگری میں ملا ہے
بُجھی سگرٹ کو اب کوئی جلائے
مرے اندر کے انساں کو جگائے

مشینی شہروں کے نام

کہو، شعور کی بھٹی میں کیسا لاوا ہے
نڈھال سوچتی گھڑیاں نہیں تماشائی
دھڑکنوں کو چیرتی، شیشوں کو کاٹتی آنکھیں
نہ جانے کب سے بھرے شہر میں اُترتی ہیں
پگھلتی جاتی ہیں سب حافظہ کی تحریریں
چمکتی رات میں "شوروم" جگمگاتے ہیں
سجاوٹوں کی خباثت چھپا نہیں سکتے
عمارتوں کے ہیولے ڈراتے پھرتے ہیں
دلوں کی روشنی، بجلی کے پول کیا جانیں
دلوں کے سائرن آواز دینا بھول گئے
گرفت ہی میں نہیں کیسے نوچ کر پھینکوں
سمٹ گئے ہیں دماغوں سے شور کے پنچھی
کرخت گونج، پرندوں کی سنسناتی ہے
مری نگاہ، چکا چوند میں بکھر جائے
بکھر کے روشنی، اب کون سے نگر جائے

محبت کا ٹرمینس

وہ شام جب ریزیڈنسی کے ٹرمینس پہ کھڑا
میں اپنے آپ سے بیزار ہو چلا تھا ___ تم
دکھائی دیں مجھے جیسے کہ سینٹ کی خوشبو
گلاب بن کے مہک جائے میری نس نس میں
وہ شام میرے لئے دلنواز تھی کتنی؟
کئی سوال نظر نے کئے، کہا میں نے ___
یہ لمحے میرے لئے ہیں بہار کے جھونکے
تمہاری طرح جو آئے ہیں لوٹ جائیں گے
پھر اس کے بعد وہی فاصلے، وہی راہیں
بس ایک بھڑکی ہوئی پیاس، اَن گنت سانسیں
مرا سوال ہی کیا، میں تو "بے وفا" ٹھہرا
تمہاری تلخ کلامی کا بھی جواب نہیں
ہنسی اڑا کے مری، بات کاٹ کر تم نے
کہا یہی " ابھی میں نے تو کی نہیں شادی
مگر یہ آپ بتائیں کہ بھابی کیسی ہیں؟"

نیا پُل اور ایک شام

(حیدر آباد کے نام)

چھلکائے ہیں پگھلے ہوئے سورج نے بھرے جام
رنگیں نظر آتی ہے نئے پُل کی حسیں شام
دن بھر کی، نچوڑے ہوئے، گمبھیر تھکن کو
ہم لوگ گھسیٹتے چلے آتے ہیں بدن کو
کاروں کا ہجوم : ادنگھتے دل، شور بسوں کا
بڑھ جاتا ہے اس بھیڑ میں احساس غموں کا
بھک منگوں کی بیچارگی، رکشاؤں کی ٹن ٹن
چُپ چاپ بڑھاتی ہے جواں ذہن کی اُلجھن
چہرے ہیں دھواں اور اندھیرا سا ہے من میں
کچھ روشنی خوابوں کو ملے شہرِ دکن میں
کجلائی ہوئی دھوپ میں رہگیروں کا سیلاب
اُمڈا ہوا آتا ہے ؛ چلا جاتا ہے بے تاب

انبوہِ رواں سوچ میں گم، کِس کو صدا دیں؟
لرزیدہ قدم، کانپتے لب، جاگتی آنکھیں
امرت کے لئے زہر ہی ہر جام میں بھر لیں
اُس پار اُترنا ہے تو پُل پر سے گذر لیں
اک دھند میں لپٹے ہوئے موسیٰ کے وہ دھارے
اب کون حساب اُن کے شب و روز کا مانگے
چوراہے کی تہذیب ہے آئینہ دکھاتی
سب رونقیں بوجھل ہیں، سب انداز مشینی
یہ دل ہے نئے عہد کی رفتار سے حیراں
یہ پُل ہے عمارات کی آغوش میں غلطاں

سُکھ ہو تو نظر آتی ہے یہ شام حسیں شام
دُکھ ہو تو ستاتی ہے بہت تلخیِ ایام

ایک نظم

وقت کی اونچی میز پر کب سے
دن کی روشن کتاب رکھی ہے
اس کا ایک اک ورق اُلٹتے چلو
دیکھو اپنے گھناؤنے چہرے
آنکھیں : نقطے بنی ہیں کاجل کے
ہونٹ : موٹے سیہ لکیریں چند
جسم : دھبے ہیں جا بجا گہرے
سُرخ ڈوروں میں کیا بُلاوے ہیں
خال و خط میں ہے کیسی عریانی
جستجو، خواب، آرزو، سایہ
اس میں لکھا ہوا ہے سب کا حساب
پڑھتے پڑھتے کہانیاں ساری
کون آنکھوں کو ڈھانپ دیتا ہے
لفظ جملوں سے ٹوٹ جاتے ہیں
صفحے ہاتھوں سے چھوٹ جاتے ہیں

سالگرہ

بھوگ چکا چھبیس بہاریں
درد کو بویا ، درد اُگائے
پچھلے زخموں کی گنتی میں،
اگلے زخم بھی شامل کر کے
پھولوں کا موسم آنے تک
سب کو جوڑا ، کانٹے پائے

پتھراؤ

کئی پیڑھیوں سے
روایت کی بیساکھیوں نے
کسی کو سہارا دیا ہو
مگر میرے آگے کو بڑھتے ہوئے پاؤں تھامے
مجھے بوڑھے بوسیدہ رستوں کا عادی بنایا
مگر میں نے بیساکھیاں توڑ ڈالیں
برسہا برس سے میں اک بوجھ لادے ہوا تھا
جھٹک کر الگ کر دیا

میں اب گونگوں بہروں میں تنہا کھڑا
پتھروں کا نشانہ بنا ہوں
مرا جرم یہ ہے کہ
قدموں کی آنکھوں سے
سمتوں کو پہچانتا ہوں
میں وہ سرپھرا ہوں
جو خوابوں کے بے سر دھڑوں پر
لگاتا ہے خوش رنگ چہرے
عجب بے حسی ہے
کسی معجزے کا بھی امکان کم ہے
کہ اب گونگوں بہروں کا مجمع
کسی دوسرے سرپھرے پر بھی
پتھراؤ کرنے میں مصروف ہے !

ندامت کی اُجلی پناہوں میں

میرے ذہن میں زور سے کون چیخا؟
سوالوں کے جنگل سے نکلی ہوئی اک ابابیل تھی
جنوں کے بدن کی ردا
پھٹ کے صد چاک ہونے کی ساعت
رگوں میں لہو کا پگھلنا
رویّہ کوئی غیر رسمی
چھٹی حس کی خونخوار حد سے پرے
مجھے میری آنکھوں نے دھوکہ دیا!

تبھی سنسنی خیز بجلی کے تاروں کی لرزش میں
کس نے یہ پوچھا؟
کہو تم سے مرتی ہوئی منفعت نے
کہلوائے کتنے برانگندہ جھوٹ
بزرگوں کے چھوڑے ہوئے زنگ خوردہ تقاضوں کو
کیوں لپلپاتی زبانیں
فسانوں میں دُہرا رہی ہیں ؟

ندامت کی اُجلی پناہوں میں جانے سے پہلے
ابابیل سے یہ کہہ دو :
مجھے بے حیائی کی عادت نہیں
میں مُردہ صفوں سے الگ ہوں
جنوں کے بدن کی ردا پھٹ چکی ہے
کہ میں نے شکن در شکن گرد اب جھاڑ دی ہے !!

دائرے

اگر لمس کی لذتیں ڈولتی شہ رگوں میں نہ اُتریں
اگر سنسناتی ہوئی آنچ کی بجلیاں،
لپک کر نہ اک دوسرے سے لپٹنے لگیں،
یقیناً بدن اُس سمے اک شکستہ کھنڈر ہے
مگر اس شکستہ کھنڈر میں بھی چنگاریاں کچھ ملیں گی:

نظر ——— جو کہ بند انکھڑیوں میں
ترستی ہوئی مسکراہٹ کو پہچانتی ہے
وہ احساس ——— جو دھیمی اک گونج بن کر
سبھی فاصلے روح کے طے کرے ہے!
کئی دائرے ——— ان کہی، ان سنی خواہشوں کے
اُبھرتے ہیں چنگاریوں میں چھُپی ٹھنڈکوں سے،
نہیں جن کو حاجت حرارت بھرے جسم کی
انھیں بس پسینے میں ڈوبی ہوئی، تر بہ تر اک ادا
لہکتی ہوئی تیز خوشبو کا اک سلسلہ چاہیئے،
کہ ان دائروں کی تھرکتی لکیریں بڑی منحنی ہیں
یہ اپنی تھکاوٹ کا رنگیں بدل چاہتی ہیں

اکتاہٹ

بہت دہرا چکے بے جان لفظوں میں
جُنوں کی بات ، چاہت کی کہانی
زبانیں وٹتے رٹتے تھک گئی ہیں
ستم ،
افسان ،
روایت ،
زندگانی
سنہرے خواب بُنتی ہے ،
نئے چولے بدلتی ہے
گھٹن غم کی .
بدن کی پیاس
لذت کی ترنگ ؛

کہاں تک زلزلوں میں گرتی شہتیریں سنبھالیں؟
کہاں تک گیلی اینٹوں کو سہارا دیں؟
فضا میں تیز خوشبو پھیل جاتی ہے
لہو میں گرم ٹیسیں سنسناتی ہیں
کوئی ڈھا دے عمارت روشنی کی
کوئی پردے ہٹا دے آسمانوں سے،
یہ آنکھیں:
ڈھونڈ لیں گی کچھ نئے منظر اندھیرے میں!

بات پُرانی برسوں کی...

میں نے لڑکپن میں
اپنی ماں سے پوچھا تھا:
"امّاں جان! یہ چاند ستارے،
کیوں اِتنی دُور بلندی پر جگ مگ کرتے ہیں
کیوں میری ہتھیلی پر آکر بیٹھ نہیں جاتے؟"

تب مجھ کو اُنھوں نے سمجھایا تھا:
"بیٹے! یہ تو لاکھوں میل کی دوری پر ہیں
ان کی گرد بھی کوئی چھُو نہ سکے گا
تم چاہو تو ہم شیشوں کے چاند ستارے منگوا دیں گے!"

اور آج مری لڑکی مجھ سے پوچھ رہی ہے :
"بابا ! آپ نے یہ نیوز تو پیپر میں دیکھی ہوگی
لوگ ہماری دنیا کے ، چاند کی سرحد تک جا پہنچے ہیں
ہم کب راکٹ میں بیٹھ کے گھومیں گے ؟"

اور میں اوپر آکاش پہ نظریں گاڑے سوچ رہا ہوں
اب میں اپنی لڑکی کا دل
شیشوں کے چاند ستاروں سے بہلا نہ سکوں گا
بات پرانی برسوں کی دہرا نہ سکوں گا !

آسماں کا رنگ نیلا

آسماں کا رنگ نیلا
نیلے نیلے پانیوں میں بادلوں کا عکس گیلا
بے ستوں چھت کے کنارے
سر پہ مکڑی کے تنے جالے
جالیوں کا تانا بانا کس قدر ڈھیلا
کشتیاں ہر دم بھنور میں
دُور ان دیکھے جزیروں کے لئے
چند ملّاحوں کی اُلجھی گتھیاں
چڑھتی سانسیں، آنکھ چمکیلی، بدن پیلا
پھر خلاؤں کی خبر لانے گئے
ان پرندوں کا وہ مسکن، اونچا ٹیلہ
جاگتے میں جسم نے چکھ چکھ کے دیکھا
موسموں کا ذائقہ کڑوا کسیلا
نیلگوں گہرے سمندر میں
گرا جو بھی وہ ہو نیلا !!

دلدل

مجھ میں اک عورت ہے
جو تجھ پہ تھوکا کرتی ہے
تجھ میں بھی اِک مرد ہے
مجھ پر کُڑھتا رہتا ہے

ممکن ہے ——
اس "بھوکے جوڑے" کو ہم
میلے کپڑوں کی مانند
دھو دھو کر ماضی کی کھونٹی پر لٹکا دیں
لیکن اگر ہم
آنے والے کل میں
اَوروں کے بدن کا
بُھوکا جوڑا بن جائیں تو —— ؟؟

بیتے موسم لوٹ نہ آئیں

سوندھی مٹی کی خوشبوئیں
گرما کی ٹھنڈی پُروائی میں ___
اور مہکتی ہیں
پیڑ تلے جھولوں کی نشیلی پینگیں ___
آگے ہی بڑھتی ہیں
گیتوں کی رنگ بھری پچکاری چھوٹی :
" پھاگن میں کیسر گھولے رادھا
بھر بھر لائے جھولی !! "

آج نہ جانے کون سی آندھی چل نکلی ہے
دُور تلک اک تیز کسیلی بدبو کے جھونکے
سانجھ بھئے، لمبے ٹیڑھے میڑھے سائے
گھومیں ناچیں

آشاؤں کی سُندر جل پریاں
اپنے آپ میں جلتی جائیں
جانے کب تک شہروں کی آبادی میں
پت جھڑ کے دیوتا راس رچائیں
جانے کب تک اگنی کے بادل منڈلائیں
بیتے موسم لوٹ نہ آئیں!

پسِ دیوار کا منظر

مجھ سے کیا پوچھتے ہو قصۂ گندم
چھن گیا جسم سے ملبوسِ بہشتی میرا
میرے رشتوں نے مجھے گالی دی
مدتوں پہلے کسی سانپ نے کاٹا تھا مجھے
آج بھی خوف سے نیلا ہے بدن
نہ قسم دو مجھے پاکیزگیٔ عصمت کی
پھر چبائے ہوئے فقروں کو نگل کر
ہر بار اُگلنا کیسا ؟
اُجلے غازوں کی "سیاہی" نہ لگاؤ مرے چہرے پر
پائیدانوں پہ جمی گرد ہی مل دو
یہی مٹّی ہے مری رگ رگ میں

میری گردن میں نہیں طوق
نہ پتھر ہیں مرے ہاتھوں میں
آسمانوں سے گرا ہوں جب سے
خاک اور خون سے وابستہ ہوں
سیڑھیاں چڑھ کے جو میں
سیلن زدہ کمزور مکانوں سے پرے
پسِ دیوار کا منظر دیکھوں
پردہ پوش اور برہنہ نظر آئیں مجھ کو
کب تلک جلتی سلگتی ہوئی عمروں کا تماشا دیکھوں؟
خون سے پیاس بجھاؤں
خاک سے ڈھانکوں بدن
روح پیاسی ہے ازل سے میری
میں کہ خوش پوشی میں ہوں ننگِ وجود!!

مرغولے دھوئیں کے

چند مرغولے دھوئیں کے
یوں بکھرتے جا رہے ہیں
گندگی پھیلا رہی ہو شام
بوٹیاں کیوں نوچتے ہو؟
ہونٹ اپنے کیوں چباتے ہو؟
اپنی گونگی وحشتوں سے
کس کی خاطر لے رہے ہو انتقام؟

ذہن کے اُجلے کواڑوں پر
گرد جمتی جارہی ہے
جھاڑ دو
سورج کا ہر تھرتھراتا عکس
ان سے ٹکرانے لگے گا
تہہ بہ تہہ ہر راز جھانکے گا
آپ ہی آپ
ذہن میں اُبھریں گے سارے آئینوں کے نام
کچھ بکھرتے خواب ،
کچھ تنہائیاں ،
کچھ تلخ جام !!

آہٹیں

میرے بوسیدہ کمرے کی فضا گمبھیر سی کیوں ہے ؟
نہ جانے ٹوٹے روشن دان کے ان ملگجی شیشوں سے
کیوں اُجلی کرن آتی نہیں چھَن کر
خطوں کے ڈھیر کو
ہر روز دیمک چاٹ جاتی ہے !

الگ کر دو بدن سے
سردیوں کی رات میں اوڑھا ہوا کمبل
سُلگتے زخم سینے کے ـــــ
نہ گہری تہہ کے نیچے ڈوب جائیں

مجھے چونکا رہے ہیں
آنے والے گونجتے لمحے
مسلسل کھڑکھڑاہٹ
ریل کے پہیوں کی ـــــ
اب بھی تیز تر ہے
لرزتی وِسل کانوں میں
سنو تو دیر سے چلّا رہی ہے
میں سورج سے گلے ملنے کی خاطر
خطوں کو پھر سے پڑھنا چھوڑ دیتا ہوں
اور اپنے گرم بستر سے اُتر کر
گھر کی پھاٹک سے نکل جاتا ہوں باہر
دوڑنے لگتا ہوں اسٹیشن کی جانب !!

مقتل میں

ریت کے ٹیلے وہی ہیں،
اور خزاں کا ہے وہی موسم
چلچلاتی دھوپ میں
پودے گلابوں کے جھلستے ہیں
خون میں لتھڑی صلیبیں،
کن گناہوں کا ہے کفّارہ
ٹھنڈے پانی کی وہ سوکھی چھاگلیں
پیاسی فضاؤں کی علامت بن گئیں

تم کہ اک بے خواب اور تنہا مسافر
سائبانوں کی تمنّا میں
کس نمی کو ڈھونڈتے ہو
گرم تیشوں کی نظر سے
کن سرابوں میں اُبھرتے ٹھنڈے چشمے کھوجتے ہو
کوئی بادل اب نہ چھائے گا
کوئی جھرنا اب نہ پھوٹے گا
پھانسیوں کے لاکھ جھولے
پھیلے صحرا میں لٹکتے ہیں
جس طرف دیکھو بگولے خاک اڑاتے ہیں
کون اب پربت سے دھرتی پر اُتر کر آئے گا
اور مایا کے اُبلتے زہر کو
کون اُتارے گا گلے میں گھونٹ گھونٹ
تم اُسی کے منتظر ہو !!

نیا مفہوم

درد، مروّت، رشتے ناطے
بچپن میں اِن لفظوں کے کچھ معنی تھے
جیسے جیسے دن بیتے
ان لفظوں کے معنی بدلے
اب یہ دنیا عمر کی جس منزل میں ہے؛
لگتا ہے، یہ سارے الفاظ
اندھے ہو کر
اپنے آپ کو ڈھونڈ رہے ہیں!

مثلث حدوں کی علامت بنے

زندہ رہنے کا یہ فن نہیں
رینگتے کلبلاتے بدن،
زندہ رہنے کو اک ڈھونگ سمجھیں
ادھ مری گونگی آبادیاں
اپنی بے چہرگی میں سمٹتی ہوئی،
اپنے ہونے پہ نادم،
نہ ہونے کا ماتم کریں!
وقت ڈوبا نہیں ہے ابھی
زندگی کو بکسنے سے روکو!
آنے والی گھڑی،
خالی معدوں کی ہر اشتہا سونگھتی ہے
جبر و قدر کی کشمکش میں
مثلث حدوں کی علامت بنے
جسم کے آشیانے، بسیروں کی پہچان ہیں

جھونک دو

یہ نئی شام
کانٹوں بھرے رو نگٹوں کی طرح
جسم میں چبھ رہی ہے
راستے ناگ بن کر
پاؤں کو ڈس رہے ہیں
بھر کے آنکھوں میں ہم،
ذہن کی روشنی،
ڈھونڈتے ہیں : کوئی ہم قدم تو ملے

آج کتنا ہے بھاری سفر
زرد سورج کی دم توڑتی ہچکیاں
اور چپ چاپ پیڑوں کے جھنڈ
یہ ہے آواز یا صور کی چیخ ہے

دھڑکنیں ـــــــ
خود سے بھی خوف کھانے لگی ہیں
خون میں دوڑتی گرم جوئے رواں
چیختی ہے یہی :
اس نئی شام پر
چاند تاروں کی چاندی نچھاور کرو
اور تھکی ہاری جولانیوں کو
لہو کی اُسی آگ میں جھونک دو !

ایندھن

کچھ بھی ہو، ہم تم
زمانے کی اُجڑتی چاہتوں کا ایک حاصل ہیں
روز و شب کتنے ملاقاتی،
جانے پہچانے ہوئے چہرے
بے ضرورت جن کی برف آنکھوں میں اب گرمی کہاں
فکر کا در بند ہو تو ہر خوشی آزار ہے
ذہن کی روشن عمارت ریت کی دیوار ہے

آگہی کا بوجھ لا دے
اونچی اونچی بلڈنگوں کو چھان کر آئے ہیں ہم
تنگ ہے ہر راہداری،
تنگ ہیں آنگن دلوں کے
ریستوراں کے کھوکھلے ہنگامے ؛
جن میں جھانکتی ہیں
کھوکھلی تنہائیاں !
ہے سمندر پاؤں کے نیچے : فلک کو آنکھ تکتی ہے
دل بھر آتا ہے مگر : جھوٹی ہنسی ہونٹوں پہ جمتی ہے

سوختہ جانوں کی شمعیں،
جل رہی ہیں دھیرے دھیرے
یہ حرارت : آتی جاتی سانس کا ایندھن بنی ہے
کل اسی ایندھن کو
"تہذیبی روابط" گرم رکھنے کے لئے
بازاروں میں پھر کر بانٹ دینا ہے

بوسیدہ ڈھانچوں کے انبار میں

سالہا سال سے میں
شکستہ کتابوں کی جلدوں میں
مردہ خیالوں کے سانچوں میں جکڑا ہوا تھا
وقت کی شور کرتی مشینیں،
کھا گئیں ان تعفّن بھرے مکتبوں کو
کتابوں، خیالوں کے مصنوعی سانچے
مقبرے بن گئے
جیسے کوئی اشوکا کلنگہ کی بستی کو مسمار کر دے
جانے مٹیالے رنگوں کے جھوٹے نگینے
مجھے اور کب تک اندھیرے میں رکھتے؟

بند آنکھوں کے کھلتے دریچے
وسعتوں میں چمکتے نئے چاند کی کھوج میں ہیں
ایسے ماحول میں کیا
قبر میں دفن چہروں کے خاکے بناؤں تو سچے لگیں گے ؟

کاش بوسیدہ ڈھانچوں کے انبار میں
سچے موتی کے دو چار ریزے ہی ملتے
اور پھر چاند کی وہ بدلتی ہوئی شکل مجھ کو
اتنی میلی کچیلی دکھائی نہ دیتی !

خواب چکنا چور ہیں

خواب چکنا چور ہیں
بے سکوں آنکھوں کی ننگی پُتلیاں
گندگی کی ایک اک پاکیزگی کو چاٹ جاتی ہیں

کینوس پر چند خاکے،
دائروں کی طرح اُلجھی ڈوریاں بن کر؛
ٹوٹ جاتے ہیں
ڈوبتے سورج کے ٹکڑے
ڈبڈبا جاتے ہیں پلکوں کے جھپکنے میں
تم حسابِ دل نہیں رکھتے
خون سے لکھ کر مٹا دیتے ہو اکثر
اَن گنت کچھ خواہشیں

تم ادھورے لمس ہو
تم میں شاید اک کمی ہے
خواب کے چکنی بدن کو چومنے میں مست ہو

بے سکوں آنکھوں کی ننگی پتلیوں میں
اب نکیلے پن کے انگارے چبھو لو
دیکھنے کے کرب سے بچ جاؤ
بینائی سے پا جاؤ نجات
کچھ نہ ہو تو
ذہن کے اندر ہزاروں کھڑکیاں کھل جائیں گی

پئے موسمِ گُل

سُلگتی ہوئی راہ کے پیچ و خم میں،
کہاں ڈھونڈنے جاؤں اس کو ؟
جو میرے قریں بیٹھ جائے،
تسلّی کے دو بول ہی کہہ سکے
وہ جس کا کوئی لمس، میرے بدن سے نچوڑے تھکن
نظر سے گذرتے ہیں سب نقلی چہرے
کوئی اِن میں اپنا نہیں،
جو مجھے ایک اپنائیت کی نظر بخش دے

یہ بل کھاتی پگڈنڈیوں کی مسافت
مسلسل کڑی دھوپ ،
میں سوچتا ہوں :
مرے خواب زاروں کا سونا نہ پگھلے
مری خواہشوں کی یہ شاداب کلیاں
تمنا میں شبنم کی مرجھا نہ جائیں !

سلگتی ہوئی راہ کے پیچ و خم سے
مجھے کیا اکیلے گزرنا پڑے گا ؟
"پئے موسمِ گل" بھٹکنا پڑے گا ؟

واہمہ پانی کا

بات کل ہی کی ہے ۔۔۔۔۔
سہمے ہوئے آواز کے بُت
اپنے کاندھوں پہ اُٹھائے ہوئے لوگ
بھاگے جاتے تھے گھروں کو چھوڑے
"سگ گزیدہ" بنے،
اک واہمہ پانی کا لئے !

میں وہیں ٹوٹ گیا
حیرتی آئینہ بھگدڑ میں بنا پھرتا تھا
برف کے خول چڑھا کر یہ لوگ
بھاگتے نکلے تھے یوں
کشتیٔ نوح سے پھر کوئی پکارے ان کو
بچ کے جاتے بھی کہاں وہم و گماں کے قیدی
دائرہ گھومتا ہے ایک ہی مرکز پہ سدا
کیا یہ ممکن نہ تھا
اک آگ کا طوفاں اُٹھتا
اور پھر برف کے اس خول میں سب گھل گھل کر
غرق ہو جاتے اِنہی آگ کے طوفانوں میں
موت سے جنگ ہی ٹھہری ہے تو پھر
پانی نہ سہی، آگ سہی

نثری نظمیں

لازوال اثاثہ

آئینہ اگر سچ بولتا

وجود عدم وجود

میری آواز

آسماں آتش زدہ ہے

میرا ورثہ

ایک نظم کہنے کی کوشش

بہتر دھوپ کی تلاش

حساب؟ کون سا حساب

خود شناسی کی ایک نظم

لازوال اثاثہ

تم اکثر کہا کرتی ہو :
ہمارے بچّے :
پھٹے پُرانے خوابوں کے چیتھڑے پہن کر
کب تک دکھوں کی کوکھ سے ،
حوصلے اُگائیں ؟
میں کہتا ہوں :
جسم کی للچاہٹوں اور جاں کے توکّل کے درمیاں
جو فاصلہ ہے
بہت غنیمت ہے ، بے پناہ ہے
اور اپنی "بے محتاج" زندگی کا ،
لازوال اثاثہ ہے !

آئینہ اگر سچ بولتا

آئینہ
اگر سچ بولتا
تو کیا، اُبلتی ہوئی ترنگوں کا عکس
دکھائی نہ دیتا؟
جو بدن کے الاؤ میں
اڑتیس موسموں سے
دہک رہا ہے!

وجود عدم وجود

کون مجھ سے پہلے پیدا ہوا ؟
کون میرے بعد آنے والا ہے ؟
ادراک کا یہ زہر جب تک پیتا رہوں
اپنے وجود کو باقی رکھوں
آپ اپنے سے ،
رہائی پانے کی جھنجھلاہٹ میں
بکھرتا ٹوٹتا رہوں
سانس لینے اور زندہ رہنے میں ،
کیا فرق ہے ؟
محسوس کرتا رہوں !

اور جب ـــــ
احساس کی اس چبھن سے
پیچھا چھڑا لوں ،
موت سے پہلے مرجاؤں !

میری آواز

تم نہیں جانتے
میری آواز ۔۔۔۔۔۔
شہتیر کی چرچراہٹ بن گئی ہے
میری لڑائی ایسا لقمہ ہے
جسے خبیث اژدھوں نے نِگل لیا ہے
میں پھر بھی آسمان سے دکھ ڈھونڈ لاتا ہوں
کہ زمین سے میرا رشتہ بہت پُرانا ہے

آسماں آتش زدہ ہے

پُر شور ماحول کے درمیاں
اپنا آپ کھو دینا

اور پھر
اپنے محور پر آنے تک
بے چہرگی کا شکار ہو جانا
کِسے اچھّا لگتا ہے ؟
مگر اِس کو کیا کریں ـــــــ
کہ ہم جبر کی لاٹھیوں سے ہانکے ہوئے ریوڑ ہیں
بوڑھے مہیب سمندروں کا ہجوم
کانوں میں جھینگروں کی آوازیں
ہمیں ڈبو رہی ہیں
آسماں آتش زدہ ہے
سانولی صبح کے نکلنے کا انتظار کیوں ؟
کوئی ہم سے تنہائی کاٹنا سیکھ لے !

میرا ورثہ

چوکور کمروں کا طواف،
نپی تُلی سڑکوں کی پیمائش،
بندھے ٹکے غم، بندھی ٹکی ہنسی،
ڈھلے ڈھلائے فقروں کا تبادلہ،
یہی ہے میرا ورثہ
عمر کا خالی تابوت بھرتا رہوں
جینے میں وقت ضائع کرتا رہوں

ایک نظم کہنے کی کوشش

آواز گلے میں گھٹ رہی تھی
میں اپنے آپ سے باتیں کرنے لگا
سب بضد کہ ہمیں کتابی کردار سمجھ کر
انہی کی زبان میں بولو!
تکلم مصنوعی ہونے لگا تو میں،
اظہار کے دونوں کنارے دُور لے گیا
اور اب اس پر بے نام پُل بناتا جا رہا ہوں
چلو ہم لہجہ سے لُکنت نکال کر
اس پُل کو پار کر لیں
کہ ہماری زبان ابھی مُردہ نہیں ہوئی!

بہتر دھوپ کی تلاش

اندر ہی اندر سلگتے رہتے ہیں
بانجھ الاؤ،
راکھ بن رہے ہیں
مگر
میرے راکھ بن جانے سے
بہتر دھوپ کی تلاش تو نہیں مر جاتی!

حساب؟ کون سا حساب

ثابت رات،
میرے حواس پہ اُتر آئی
بکھرے دن کی دھجیاں سمیٹ کر
میں نے پیوند پیوند جوڑا
فرغل بنایا
جو ثابت نہیں تھا
اور روشنیوں کی تمام برہنگی
جسم کی آلودگیوں میں چھپالی
مجھے یہ اعجاز کہاں ملا
کہ مادر زاد اندھوں کو شفا دے دوں
یا مٹی کا پرندہ بناؤں
اس میں جان ڈال دوں

مکر و حیلہ پہن کر
ظاہری آنکھ نے بہت تماشے دیکھے
میں بھول نہیں سکا کہ
میرے پیدا ہونے پر
شیطان نے مجھے خوب چوما تھا
وہ میری رگوں میں جاری و ساری ہے
اور سمندروں پر اپنا تخت بچھا کر
حکم دیتا ہے اپنی فوجوں کو گمرہی کا
میں تجھ سے پناہ طلب کروں خدایا !
تو مجھ سے حساب طلب نہ کر
کہ مجھے اپنی دوسری عمر سے خوف آتا ہے
اور خوف کی کوئی منطق نہیں ہوتی !

خود شناسی کی ایک نظم

میں کس شخص کے نام میں حل ہو رہا ہوں
میری شبیہہ کے سارے رنگ ساکت ہیں
انتشار جیسے جم گیا ہو
سوچ —— متحرک جواز
میرے وجود کو کہاں تک سفر کرائے گا
جامد منظر حدتوں کو کوئی شکل نہیں دے سکتے
لاؤ گوشت پوست کا تھرکتا پیکر لاؤ
خون میں مراجعت کیوں چیختی ہے ؟
"لوٹ آؤ، لوٹ آؤ!"

مسخ زنگ آلود چہروں کے پیچھے
تیرتی سیاہی
شمار میں نہیں آتی
یہ کوئی جادوئی حکایت نہیں کہ
میں اپنا سایہ نوچنے لگا ہوں
چاروں طرف ناموں کی بھیڑ۔
ایسے میں مجھے "ٹائم کیپسول" نہ بناؤ
کل نہیں آج ہی مجھے لوگ پرکھنا چاہتے ہیں
ہٹو! میں اپنے نام سے باہر نکل آؤں!

غزلیں

* سایہ میں دھوپ، شب کو سحر میں تلاش کر
* کتنے ساحل پہ ہیں پیاسوں کے سفینے دیکھو
* مجھ کو جب مرے اندر کا میں کھنگال گیا
* بہت اونچائی سے اڑنے لگا ہوں
* شہر کا شہر ہی بہرا ہے ابھی
* ہم جلیسوں کی آرزو کیا ہو
* بنا دیا ہمیں خوابوں نے بے زمینی بھی
* ربط اندھیروں کا اجالوں سے تھا گہرا نکلا
* یہ انگ انگ میں بھر بھر کے کس نے ڈالی آگ
* پت جھڑ کے موسم آئے تو گل پیرہن گئے
* تو نے کی زخم شماری بھی تو کیا آخرِ شب
* جانے یہ کس سفر کی تھکن ہے نچوڑ دے
* صبح کھلتا ہوں پھیکی ہنسی کی طرح
* سلسلے ہر طرف سے ٹوٹے ہیں
* چھوٹ جاتے ہیں رنگ چھونے میں
* میں غیب کی آواز پہ آنکھیں بھی جو کھولوں
* اس لئے لوگ ہوئے بر ہم سے
* پتہ جسموں کا کوئی کیا بتائے
* شور و غل میں ڈوبتی آبادیاں
* شب ڈھلے جب کبھی خوابوں کی زمیں بھیگی ہے
* قاتل سبھی تھے چل دیئے مقتل سے راتوں رات
* بے رنگ دھندلکوں کی فضا چھائی کہاں ہے
* سب ادھورے ہیں سوالوں کے جواب
* کتنی صدیوں سے لمحوں کا لوبان جلتا رہا
* کب سے ہیں نقش بہ دیوار یہ ٹھہرے سائے
* جب افق پر آ گئے منظر سبھی اجڑے ہوئے
* اجڑا نہیں ہے شہر تو رونق کہاں ہے آج
* کرچیاں بن کے شکنجوں سے نکلتا دیکھوں

سایہ میں دھوپ، شب کو سحر میں تلاش کر
سودا ہے کیا بلا مرے سر میں تلاش کر

میں لٹ لٹ کے تیری ہی پہچان بن گیا!
خود کو میرے لٹے ہوئے گھر میں تلاش کر

دہرا رہے ہیں برسوں سے لوگ اپنے آپ کو
جنگل کی ریت آج نگر میں تلاش کر

پاگل ہوا سے لڑنے کا یہ حوصلہ تو دیکھ
پرواز کی سکت کو نہ پر میں تلاش کر

رشتوں کی بُو تو چار دیواری میں قید ہے
بازار میں نہیں، اُسے گھر میں تلاش کر

سورج کے ساتھ کتنی مسافت ہوئی ہے طے
اخبار اُٹھا کے پہلی خبر میں تلاش کر

میں کون ہوں، بدلتے ہوئے موسموں کا راز
مجھ کو نئی رُتوں کے سفر میں تلاش کر

کتنے ساحل پہ ہیں پیاسوں کے سفینے دیکھو
ہم تو صحرا سے چلے آئے ہیں پینے دیکھو

پردہ چھوڑا ہی نہیں، پانی کا یہ گھر ہے کھُلا
بڑھ کے دہلیز تک آجاؤ تو زینے دیکھو

سیپیاں، ریت کی زنجیر، چمکتے وہ سراب
کیوں سمندر ہمیں دیتا نہیں جینے دیکھو

اُڑتی مرغابیاں، دھوپوں کے کِھلاتی ہیں چمن
برف زاروں کے بھی چھُوٹے ہیں پسینے دیکھو

نیلے دریا کے تموج نے اُبھارے ہیں حباب
تم جواں ہو تو دھڑکتے ہوئے سینے دیکھو

بادبانوں کو دکھاتی ہیں شبوں میں راہیں
آنکھیں جلتی ہوئی رکھ دی ہیں کسی نے دیکھو

ہم تو مٹّی سے بنے، مٹّی میں جانے والے
گُھل کے پانی میں خلشؔ آبی دفینے دیکھو

مجھی کو جب مرے اندر کا میں کھنگال گیا
مرے وجود سے تم کو کوئی نکال گیا

حسابِ بندگی ترتیب دے رہا تھا میں
مرا خدا بھی مجھے کچھ دنوں کو ٹال گیا

یہ آسمان مرے سر پہ ٹوٹ کر نہ گرے
یہی تو خوف تھا جو مخمصے میں ڈال گیا

میں موم موم تھا، اک آنچ سے پگھل جاتا
ترا سلوک مجھے پتھروں میں ڈھال گیا

جب آفتاب اُگائے لہو نے، دھوپ بڑھی
تو ساتھ قتل کے قاتل کا سب کمال گیا

میں گمشدہ تھا، کوئی چہرہ مانگ ہی لیتا
یہ کیا ہوا کہ اَنا کا میں روگ پال گیا

کب اس زمیں نے خلش میرے زخم دھوئے ہیں!
کب آسمان کے سر سے مرا وبال گیا

بہت اونچائی سے اڑنے لگا ہوں
پرندہ ہوں مگر سہما ہوا ہوں

گواہی دوں تو کتنے سولی چڑھ جائیں
مگر کچھ سوچ کر چُپ ہو گیا ہوں

میری افتاد کا حاصل یہی ہے
بکھر کر ٹوٹ کر تم سے مِلا ہوں

مجھی میں ڈوب کر محسوس کر لو
بدن سے روح تک کا فاصلہ ہوں

بڑا ناداں ہوں چہرے کو بدل کر
نظر والوں سے بچتا پھر رہا ہوں

فلک سورج ہے دھرتی اک سمندر
خلاء کی ریت پر تنہا کھڑا ہوں

تسلسل اور کیا ہے زندگی کا
ازل سے لمحہ لمحہ مر رہا ہوں

شہر کا شہر ہی بہرا ہے ابھی
آدمی بھیڑ میں تنہا ہے ابھی

کوئی آہٹ نہ اِشارا ہے ابھی
بے صدا روح کا صحرا ہے ابھی

وہی اندیشے، وہی اُلجھے سوال
کون ہے؟ کس نے پکارا ہے ابھی

رادھکا ڈھونڈ رہی ہے پائل
بن میں چپ چاپ کنہیا ہے ابھی

دل کی پونجی تھی لگا دی ہم نے
غم کے سودے میں خسارا ہے ابھی

یوں بھی سچ بولنا آسان نہیں
اُکھڑا اُکھڑا لب و لہجہ ہے ابھی

جانے کب چہرے سُجھائی دیں گے
رات کا کُفر تو ٹوٹا ہے ابھی

ہم جلیسوں کی آرزو کیا ہو
میں اٹھوں بھی تو قد نہ اونچا ہو

میں پکاروں جو دور تک کیا ہو
چیخ میری صدا بصحرا ہو

تم کہ ٹوٹے ہوئے ہو اندر سے
اپنی ہی عمر کا جنازہ ہو

اب شب و روز یوں گذرتے ہیں
سانس لینا بھی جیسے دھوکہ ہو

دیکھنا کون ہے تعاقب میں
جسم کی کھوج میں نہ سایہ ہو

پھر چلے گی یہ رسم مرنے کی
شرط یہ ہے کہ کوئی ہم سا ہو

خود کو ایسے بھی کیا سجانا ہے
زندگی کچھ تو بے سلیقہ ہو

لاپتہ ہو کے بھی ہو تم موجود
سب میں شامل ہو پھر بھی تنہا ہو

بنا دیا ہمیں خوابوں نے بے زمینی بھی
یہ بستی جس نے بسائی اُسی نے لُوٹی بھی

اب اپنی صبحوں پہ شاموں کے آشیانے ہیں
مرے اُجالوں میں گھولی گئی سیاہی بھی

گھریلو ہو گئے ہم دونوں، کیسی رُت آئی
سیانی ہو گئی شاید ہماری بیٹی بھی

مرے وجود کا احساس سب کو ہے لیکن
میں جی رہا ہوں کسی نے یہ بات مانی بھی

جب ایک عمر گنوائی تو یہ خیال آیا
کہ سب تو بیچ دیا، کوئی شئے خریدی بھی

میں طنز کیا کروں اوروں کی بے حسابی پر
مجھے ڈبو گئی میری حساب دانی بھی

بکھرتی رینگتی پرچھائیاں یہ کیسی ہیں
میں بوجھتے ہوئے سو جاؤں یہ پہیلی بھی

ربطِ اندھیروں کا اُجالوں سے تھا گہرا نکلا
دن کا پردہ جو اُٹھا رات کا چہرا نکلا

دل وہ طوفاں کہ سکوں میں بھی مچلنا جانے
غم وہ ساگر کہ تلاطم میں بھی ٹھہرا نکلا

جانے کندن بنے یا راکھ ستم کا موسم
سورج اس آگ میں ڈھل کر تو سُنہرا نکلا

منصفی عدل کی میزان سے ہو ہی جاتی
سچ کے ہونٹوں پہ مگر جھوٹ کا پہرا نکلا

ہم سُناتے بھی خلش رام کہانی کس کو
درد کے شہر میں اِک شخص تھا بہرا نکلا

یہ انگ انگ میں بھر بھر کے کس نے ڈالی آگ
سُلگ رہے تھے بدن آگ سے لگالی آگ

ہرا بھرا تھا بہت تیرے قرب کا موسم
کلی کلی میں تھے انگارے، ڈالی ڈالی آگ

یہ کون سونپ گیا سرد مہریاں تم کو؟
جو درمیاں تھی ہمارے کہاں چھپالی آگ

کسی نے آنکھیں بچھائیں، کسی نے چھانی خاک
تلاش کرتے رہے لوگ ہم نے پالی آگ

یہ کیسے دائرے پلٹے ہیں گھر سے دفتر تک
بسوں کی دھول، سڑک، چائے کی پیالی آگ

اسی طلب میں کہ خود اپنی قید سے نکلوں
کبھی لگالی بدن میں کبھی بجھالی آگ

بھڑک اٹھی جو خلش پیاس پی گیا شعلے
لہو کی گردشیں سونے لگیں تو کھالی آگ

پت جھڑ کے موسم آئے تو گُل پیرہن گئے
تاریکیوں کو اوڑھ کے اُجلے بدن گئے

یا تہمتیں تراش کے یا ہار مان کے
کچھ لوگ آج اپنی ہی میزان بن گئے

نکلے تھے جب اُفق پہ دھندلکا کہیں نہ تھا
سورج تھے کیسے خود کو لگا کر گہن گئے

شب بھر جو خاکے دِل نے تراشے وہ صبحدم
بن کے کرن کرن مِرے خوابوں سے چھن گئے

اَوروں نے ہونٹ سی لئے اور سرخرو ہوئے
لب کھول کر تو ہم ترے معتوب بن گئے

زخموں نے بولنا ابھی سیکھا نہ تھا کہ ہم
جسموں سے دن اُتار کے راتیں پہن گئے

اُن کافروں کے نام کرو ہوشمندیاں!
اپنے لئے جو چھوڑ کے دیوانہ پن گئے

تو نے کی زخم شماری بھی تو کیا آخرِ شب
دم دلاسہ رہا دستور ترا آخرِ شب

وقتِ پرواز ہر اک پنکھ نچا ہے تو نہ ڈر
آسماں والوں میں ہلچل ہی مچا آخرِ شب

رات بھر خوابوں کے شیشوں کو بچائے رکھا
سنگ اندازوں کی بستی میں لٹا آخرِ شب

ہوشمندی ہے ترے شہر میں، قحطِ غم سے ہے
ڈھونڈ کر اب کسی دیوانے کو لا آخرِ شب

رت جگے ہم نے کئے ہم پہ ہی الزام آئے
یہ بھی جاگتے رہنے کی سزا آخرِ شب

یا اندھیروں کو عطا کر دے اُجالوں کا مزاج
یا بھر دے آنکھوں میں سورج نہ اُگا آخرِ شب

ہم نشینی تو حریفوں نے ہی بخشی تھی خلش
سر پھرا میں ہی تھا، پہلو سے اُٹھا آخرِ شب

جانے یہ کس سفر کی تھکن ہے نچوڑ دے
خود میں بکھر گیا ہوں مجھے کوئی جوڑ دے

ٹوٹا نہیں ہے زخموں کو گننے کا سلسلہ
احساس کو نہ چوٹ لگا بس جھنجھوڑ دے

کیا فائدہ کہ تری انا چیختی پھرے
رشتوں سے کر نباہ یا رشتوں کو توڑ دے

اک دائرے میں گھوم نہ جائے ترا وجود
اپنے حصارِ ذات کو اب توڑ پھوڑ دے

آ پھر اُمڈ کے غم کے سمندر بہا مجھے
جامد ہے زندگی اُسے موجوں پہ چھوڑ دے

صبح کھلتا ہوں پھیکی ہنسی کی طرح
شام اُجڑتا ہوں سُونی گلی کی طرح

تم مسیحا بنے آدمی کی طرح
کون سُولی پہ چڑھتا نبی کی طرح

جتنے مہماں تھے سب میزباں بن گئے
اپنے گھر میں ہیں ہم اجنبی کی طرح

خوف کیوں ہے ابھی سے کہ مرجھاؤگے
پہلے کھلنا تو سیکھو کلی کی طرح

اُونگھتی یہ صدی اور آنکھیں مری
گھپ اندھیرے میں ہیں روشنی کی طرح

غم کی رت اب کے لائی گھٹن ہی گھٹن
تشنگی بھی نہیں تشنگی کی طرح

خوبصورت بھی ہے میرا دل ہے مگر
آپ ہی کے لئے ، آپ ہی کی طرح

سلسلے ہر طرف سے ٹوٹے ہیں
پورے ہو کر بھی ہم ادھورے ہیں

اُن کو بولی لگاتے دیکھا ہے
جن کی جھولی میں کھوٹے سکّے ہیں

جب دھندلکے چھٹے، یہی دیکھا
ہر لبادے میں لوگ ننگے ہیں

خول اُترے تو کھوکھلے نکلے
کل کے سچ آج کتنے جھوٹے ہیں

چھوٹ جاتے ہیں رنگ چھونے میں
کیا بتائیں کہ پھول کیسے ہیں!

میرے پیچھے پڑی ہے گردِ سفر!
فاصلے گھٹتے ہیں نہ بڑھتے ہیں!

زندگی اک بھنور ہے جس میں ہم
دائرے دائرے بھٹکتے ہیں!

میں غیب کی آواز پہ آنکھیں بھی جو کھولوں
ظلمات ہو یا نور ہو پتھر ہی ٹٹولوں

برگد کی گھنی چھاؤں میں نِروان مِلا ہے
سورج کے نگر جاؤں ، کڑی دھوپ میں سولوں

دیکھوں کیسے ؟ رُکتے نہیں یہ بھاگتے منظر
رفتار میں اب کون سی رفتار کو گھولوں

یہ رشک مجھے : کون ترے ساتھ نہیں ہے
یہ وہم تجھے : میں ترے ہمراہ نہ ہولوں

صدیوں سے مِرے خون میں اک جنگ ہے جاری
آواز کے جنگل میں سُنے کون ؟ جو بولوں

اس لئے لوگ ہوئے برہم سے
کیوں ہے ہنگامہ ہمارے دم سے

کون اب صلح کی تجویز رکھے؟
ہم جھگڑ بیٹھے ہیں اک عالم سے

چوٹ پر چوٹ لگاتے جاؤ
زخم بھرتے ہی نہیں مرہم سے

آؤ خوابوں کا پگھلنا دیکھو!
ڈوبتی رات میں چشم نم سے

کون "تخفیفِ سزا" ٹھکراتا ؟
یہ روایت تو بنی ہے ہم سے!

مسخ ہو جائیں گی شکلیں ساری
نقش اُبھریں گے مگر مبہم سے

تم کہ بھڑکاتے رہو شعلوں کو
ہم کہ گُل کرتے رہیں شبنم سے

پتہ جسموں کا کوئی کیا بتائے
انھیں خود ڈھونڈتے ہیں اُن کے سائے

اب اپنے آپ سے کیا جھوٹ بولوں
مرا ہمزاد مجھ کو آزمائے!

یہ اُلجھن روح کے اندر ہے کیسی؟
کوئی زخمی پرندہ پھڑپھڑائے

ہوا سورج ہی موجوں کے مقابل
سمندر کس کو آئینہ دکھائے

مجھے بھی جستجو ہے زندگی کی
جسے آنا ہو میرے ساتھ آئے

سفر سے اور کیا لاتے بچا کر
فقط اک درد کی سوغات لائے

مجھی سے مانگتے ہیں اپنی قیمت
وہ بت جو میں نے ہاتھوں سے بنائے

شور و غل میں ڈوبتی آبادیاں
بانٹتی ہیں روز و شب تنہائیاں

دن ہے اندھا، ملگجی ہے روشنی
جس طرف دیکھو، وہی پرچھائیاں

میرا گھر بدلا ہے یا میری نظر
اجنبی لگتے ہیں سب چہرے یہاں

زندگی: بستی میں چیخوں کا یقیں
موت: ویرانے میں سیٹی کا گماں

چاٹ جاتی ہے زمانے کا لہو
اپنا مُنہ جب کھول دیتی ہے زباں

وہ تعفن ہے، گھٹا جاتا ہے دم
کھول دو کمرے کی ساری کھڑکیاں

کرب کی لذّت جلاتی ہے مجھے
گیلا ایندھن ہوں، نہ بن جاؤں دھواں

ہم سے پوچھو، نفع و نقصاں کا حساب
چوک میں یاروں نے کھولی ہے دوکاں

آگ تھی سینوں میں باہر آ گئی
جل رہی ہیں بستیاں کی بستیاں

شب ڈھلے جب کبھی خوابوں کی زمیں بھیگی ہے
شاخِ گل بن کے ہر اک شاخِ جنوں مہکی ہے

اپنی عمروں کا سفر دلکش و رنگیں ہے مگر
اس میں جو راہ بھی ملتی ہے وہ پتھریلی ہے

وقت کی بات پہ حامی تو بھری تھی سب نے
وقت آیا تو فقط میں نے گواہی دی ہے

ابر چھائے ہیں کہ پھیلی ہے غموں کی چادر
ساون آیا ہے کہ آنکھوں سے جھڑی برسی ہے

چاہ کرتے ہیں تو کیا لوگ وفا کرتے ہیں؟
تم کہو شہر کی اب آب و ہوا کیسی ہے!

دلبری دل کی لگی اُٹھ گئی اِس نگری سے
پھر بھی لگتا ہے کہ یہ بات ابھی کل کی ہے

تری گفتار خلش اور قرینہ مانگے
بول میٹھے سہی، لہجہ میں ذرا تلخی ہے

قاتل سبھی تھے چل دیئے مقتل سے راتوں رات
تنہا کھڑی لرزتی رہی ایک میری ذات

سرگوشی بھی کروں تو بکھر جائے ایک گونج
بہروں کے اس ہجوم میں سنتا ہے کون بات

تہذیب کی جو اونچی عمارت ہے، ڈھا نہ دوں
جینے کے دکھ رکھاؤ سے ملتی نہیں نجات

سورج بھی تھک چکا ہے کہاں روشنی کرے؟
ورنہ میں بٹ چکی ہے اندھیروں کی کائنات

خوابوں کی برف پگھلی تو ہر عکس ڈھل گیا!
اپنوں کی بات بن گئی اک اجنبی کی بات!

سڑکوں کے بیچوں بیچ رُکوں اور کہوں چلو!
سنگیں حادثوں کا ہے ڈر، کون دے گا سات؟

لوگوں نے دی ہے درد کی سوغات اس قدر!
لوگوں میں بانٹتا پھروں اس درد کی زکات

بے رنگ دھندلکوں کی فضا چھائی کہاں ہے
دھرتی ابھی آکاش سے ٹکرائی کہاں ہے

سورج کے تعاقب میں بھٹکتا ہوں کہ میں نے
جو برف ہے ذہنوں پہ وہ پگھلائی کہاں ہے

اک سمت ہے پتھراؤ تو اک سمت سمندر
پائی بھی تو جینے کی سزا پائی کہاں ہے

سب کھوکھلے ہیں فلسفے، جھوٹے ہیں عقیدے
سچائی کا سب ڈھونگ ہے سچائی کہاں ہے

اندھی ہے بصیرت اگر اِلزام نہ دیجے !
پھر ڈھونڈیئے کھوئی ہوئی بینائی کہاں سے

دل خود سے ہی اُکتا ہوا ہے تو الگ بات
خود مجھ سے مری زندگی اُکتائی کہاں ہے

دیکھا ہے خلشؔ میں نے کہ تہذیب کی یہ شام
گرتی ہوئی دیوار ہے پر ڈھائی کہاں ہے

سب ادھورے ہیں سوالوں کے جواب
آدمی کا مُنہ چڑاتی ہے کتاب

گھُپ اندھیرے میں جنھیں بُنتا ہوں میں
روشنی میں ٹوٹ جاتے ہیں وہ خواب

وقت کے صحرا میں بجھ کر رہ گئی!
جانے کتنے سورجوں کی آب و تاب

آسماں کو تاکنے سے فائدہ؟
ہو رہا ہے مجھ پہ دھرتی کا عذاب

کتنے کھڈ ہیں، کون پاٹے گا خلیج؟
کتنے غم ہیں کون رکھے گا حساب

میں کہ ہوں پرچھائیوں کی کھوج میں
ایک بے حاصل سفر میں ہوں خراب

گھل گئیں جب جسم و جاں میں تلخیاں
جل اُٹھے میرے لہو میں آفتاب

کتنی صدیوں سے لمحوں کا لوبان جلتا رہا
عمر کا سلسلہ سانس بن کر پگھلتا رہا

میں کہ زخموں کو چنتا رہا، ہاتھ ملتا رہا
وقت کا تیز دریا سمندر میں ڈھلتا رہا

اجنبی راستوں کی طرف یوں نہ بڑھتے قدم
گرد بن کر کوئی میرے ہمراہ چلتا رہا

رُت جو بدلی تو دل میں نئی ٹیس پیدا ہوئی
زہر آلود موسم میں اک درد پلتا رہا

بے نشاں منزلو کس سفر کی کہانی لکھوں؟
تھک گئی سوچ ہر موڑ پر، ذہن جلتا رہا

گیان کی آنچ نے کر دیا بھسم کس کا وجود؟
کون برگد کے سائے میں خود کو بدلتا رہا

چالو سکوں کے بدلے میں سب خواب بکتے گئے
کاروبارِ جہاں خواب گاہوں میں چلتا رہا

کب سے ہیں نقش بہ دیوار یہ ٹھہرے سائے
جسم آواز ہی آواز ، ہیں بہرے سائے

منہ چھپائے سبھی پھرتے تھے اندھیرا پا کر
دن ہوا نوچ گئے رات کے چہرے سائے

بے خطاؤں کو بھی اب ہونے لگا جُرم کا خوف
چار دیواری میں دینے لگے پہرے سائے

زرد سورج کو گھنی شام سے مِل لینے دو
اُس کو کھا جائیں نہ پگھلا کے سنہرے سائے

بھیک مانگی ہوئی بینائی ہے کیسے کیا دیتی ؟
راہ کے پیڑ نظر آتے ہیں گہرے سائے :

اپنے اندر کا وجود اب نہیں روتا برسوں
دل پہ چھا جاتے ہیں چھٹتے نہیں گہرے سائے

پھڑ پھڑاتا ہے بہت روح میں زخمی پنچھی
جسم کی چیخ کو سُنتے نہیں بہرے سائے

جب اُفق پر آ گئے منظر سبھی اُجڑے ہوئے
صبح کا خوں ہو گیا اور رات کے ٹکڑے ہوئے

بولتی آنکھوں میں جھانکو ، ان کی تحریریں پڑھو
بادبانو! یہ جزیرے کب سے ہیں اُبھرے ہوئے

خواب نے کیوں زخم بانٹے دائرہ در دائرہ
دھوپ میں کیوں سائبانوں کے بیاں دکھڑے ہوئے

گہری نیندوں میں تمازت کا پتہ چلتا نہیں
موسموں کی آنچ کھا کھا کر دھواں مُکھڑے ہوئے

اُن گھروندوں کی گھٹن سے ہم نکل آئے مگر
لوگ تو بیٹھا کئے سمٹے ہوئے سکڑے ہوئے

پھر نئی رُت کے سفر میں تازہ دم ہو کر چلا
نیم جاں سورج کے پاؤں شب کو تھے اُکھڑے ہوئے

زندگی اِک پیڑ ہے اور پیڑ کی شاخوں پہ روز
کونپلیں پھوٹیں، کھلے گُل، گُل کے پھر ٹکڑے ہوئے

اُجڑا نہیں ہے شہر تو رونق کہاں ہے آج
خالی مکاں میں اُجڑے ہوؤں کا نشاں ہے آج

جسموں کی بھوک پیاسی زمیں کیا مٹائے گی؛
مغموم سر جھکائے ہوئے آسماں ہے آج

اپنوں کا ساتھ اپنوں کی ہر بات ہے مگر
بے نام کوئی اجنبیت درمیاں ہے آج

چکھا ہے میرے خون نے تلخی کا ذائقہ
میٹھا سا ایک بول بھی مجھ پر گراں ہے آج

یہ کون سا عذاب ہے، کیوں دل سُکڑ گئے
کیا اپنے سَر پہ برف کا سورج رواں ہے آج

سُن لی ہیں میرے پاؤں نے آندھی کی آہٹیں
کیوں پوچھتے ہو رستوں میں کیسا دھواں ہے آج

بوڑھی روایتوں نے سجایا تھا اِک محل!
سُنتے ہیں اُس جگہ خلشؔ اندھا کنواں ہے آج

کرچیاں بن کے شکنجوں سے نکلتا دیکھوں
کرب کی آنچ میں اک نسل کو جلتا دیکھوں

صبح سو کر جو اٹھوں، آنکھ کو ملتا دیکھوں
منظرِ اک شہر کی آبادی میں جلتا دیکھوں

زندگی تجھ کو گنوا دوں نہ کہیں جینے میں!
ڈوبتی راتوں میں خوابوں کو پگھلتا دیکھوں

جب کبھی نکلوں نئی رُت کے سفر میں تنہا
خود کو خنجر کی رواں دھار پہ چلتا دیکھوں

جبر کا سانس کی ڈوری پہ لگا ہے پہرہ
عمر کو آگ کی دلدل میں پگھلتا دیکھوں

خود کو دہرانے لگے پھر وہی اکھڑے ہوئے لوگ
قبر کی دھول کو پھر چہروں پہ ملتا دیکھوں

چڑھتے سورج کی سیہ رات نے پوجا کی تھی
چڑھتے سورج کو سیہ رات میں ڈھلتا دیکھوں

عدم کی تلاش

حسن فرخ

رؤف خلش سے میری ملاقات، یوں تو بیس برسوں پر محیط ہے لیکن تعلقات کی نوعیت میں اتار چڑھاؤ کی کوئی داستان نہیں ملتی۔ میرے مجموعۂ کلام "ٹوٹا ہوا واسطہ" (۱۹۷۵ء) کے تعارف کے لئے مجھے سب سے موزوں شخصیت رؤف خلش کی نظر آئی تھی اور اب اس طرح میں اپنا وہ قرض اتار رہا ہوں۔

جہاں تک تعارف کا سوال ہے، اس نے میری شخصیت کا تہہ در تہہ جائزہ لیا تھا۔ لیکن میں "جوابی کارروائی" کا قائل نہیں۔ یوں تو اس کی شخصیت کے متعدد پہلو ہیں، لیکن ان میں سب سے نمایاں پہلو غیر مشروط ذمہ داری اور ذمہ داری کے احساس کے بغیر اس کی تکمیل اس کا نمایاں وصف ہے۔ چنانچہ کسی کام سے وابستگی کا مطلب، رؤف خلش کی اس کام میں غرقابی کے علاوہ کچھ اور نہیں۔ چاہے اس کام کا اس کے مزاج یا افتادِ طبع سے ذرا برابر بھی کوئی تعلق ہو یا نہ ہو۔ مثال کے طور پر ان دنوں وقف بورڈ سے اس کی وابستگی اتنی گہری ہو چکی ہے کہ کسی واقف یا متولی کی بھی نہ رہی ہوگی۔ یہی حال زندگی کے تمام گوشوں پر محیط ہے۔

رؤف خلش ایک بے حد سمجھ دار، ٹھنڈے دماغ اور گرم جذبات کا انسان اور چبھتے ہوئے مزاج کا فن کار ہے۔ اس کا بحیثیت شاعر یا بحیثیت تخلیق کار ادارہ جاتی یا "مطابق ماحول" رویہ نہیں۔ اس نے احساسات کو فن کا روپ دینے میں نہ تو مصلحت وقت

کو پیش نظر رکھا اور نہ ہی مختلف "ادبی درماروں" کے رویوں کی تقلید اور ان کی خوشنودی حاصل کرنے کی ضرورت سمجھی۔ وہ احساسات کی از سر نو تخلیق کو ادب سمجھتا ہے۔ کسی پسندیدہ اور منفعت بخش چوکھٹے میں الفاظ کو ٹھونک پیٹ دینے سے اسے کوئی دلچسپی نہیں۔ جب کہ آج بازار میں اسی سکہ کا چلن ہے جو کہ ہر دکان میں چلنے سے قبل دکاندار کی مرضی کے مطابق ڈھال دیا گیا ہو۔

رؤف خلش نے چھٹی دہائی کی ابتداء میں ایک ایسے وقت شعر کہنے کی جانب توجہ دینی شروع کی جب کہ ادب میں جمود کے وجود کا ہر طرف سے مضحکہ اڑانے کے باوجود، ترقی پسند ادب (جو شعر میں مخدوم، فیض، اور مجروح) اور نثر میں کرشن چندر، بیدی، عزیز احمد، وغیرہ کی تخلیقی صلاحیتوں کے بل بوتے پر) وسعت یا کم از کم دوسرے درجہ کے فن کاروں اور تخلیقات سے بھی محروم ہو چکا تھا۔ پاکستان میں کسی حد تک "مقصدیت" کے خلاف آواز اٹھانے اور ترقی پسندی کے جواز کو چیلنج کیا جا رہا تھا۔ لیکن ہندوستان میں ابھی یہ صورتحال پیدا نہیں ہوئی تھی۔

محمود ایاز (جو آج کل "سالار" جیسے روزنامہ پر اپنی صلاحیتیں ضائع کر رہے ہیں) ان دنوں سوغات کے ذریعہ ایک نئے رویہ اور رجحان کی صورت گری میں مصروف تھے۔ لیکن دیگر رسائل کا حال جن میں صبا، تحریک، شاعر، بیسویں صدی اور شمع وغیرہ شامل ہیں، بالکل ہی جداگانہ نوعیت کا تھا۔ ان تمام رسائل کا ایک خاص مزاج اور ان میں شائع ہونے والے فن کاروں کی ایک محدود فہرست تھی جن میں بعض نام مشترکہ بھی تھے، جو ہر رسالہ کے مزاج کے مطابق تخلیقات ڈھال کر چھپوایا کرتے تھے۔ اس پس منظر میں رؤف خلش کی شاعری کی ابتداء ہوئی۔ اس کی ابتدائی شاعری پر (جس میں سے کوئی بھی تخلیق "نئی رتوں کا سفر" میں انتخاب کے دوران جگہ نہیں پا سکی ہے!) یوں تو اس پس منظر کا اثر تھا لیکن لب ولہجہ اور اس کی فن

زیریں رو میں کسی "عدم" کی تلاش کا شدید احساس نمایاں تھا۔

ہندوستان میں جدیدیت اور ترقی پسندی کے مابین واضح تصادم کی صورتحال "سوغات" کے جدید نظم نمبر (۱۹۶۲ء) اور وحید اختر کے 'صبا' میں شائع شدہ مضمون "ادب میں تشکیک" سے پیدا ہوئی۔ انہی دنوں اعظم راہی، رؤف خلش، محمود انصاری، احمد جلیس، ساجد اعظم اور مجھ پر مشتمل ایک گروپ کی جانب سے حیدرآباد سے "پیکر" کا اجرا بلکہ احیاء عمل میں آیا۔ فوری بعد اس گروپ میں غیاث متین اور مسعود عابد بھی شامل ہوئے۔ "پیکر" نے جلد ہی ہندوستان بھر کے نئے لکھنے والوں کے ترجمان اور ادب کے اسٹابلشمنٹ کے خلاف ایک "اہم آواز" کی صورت اختیار کر لی۔ اس وقت تک حیدرآباد میں ادبی اجارہ داری، کسی ادارہ میں مرکوز نہیں ہوئی تھی لیکن یہاں کی تمام ادبی سرگرمیوں پر مخدوم کی فعال اور ہر دلعزیز شخصیت کا بول بالا تھا۔ یہ ادبی سرگرمیاں کمرہ نمبر ۱۷، مجرد گاہ، اورینٹ ہوٹل، اسٹار اینڈ کمپنی معظم جاہی مارکیٹ اور ونڈر سائن معظم جاہی مارکٹ کی بیٹھکوں اور نشستوں میں مباحثوں اور مختلف قسم کے مشاعروں پر مشتمل تھیں۔ ان کے علاوہ اردو ہال میں اردو مجلس کے ماہانہ اجلاس منعقد ہوا کرتے تھے، جن میں شرکت کرنے والے بعض اگلی نشستوں کی شخصیتوں کے بارے میں یہ لطیفہ مشہور تھا کہ اردو ہال کی تعمیر کے ساتھ ہی انہیں بھی یہاں نصب کر دیا گیا ہے۔ اس لطیفہ کا سبب یہ تھا کہ ان شخصیتوں کے چہرے ہر طرح کے جذبات سے عاری ہوا کرتے تھے۔

حیدرآباد میں، یہاں کے حسب معمول معتدل اور پرسکون ماحول کے باوجود "پیکر" میں شائع ہونے والے تند و تلخ مضامین نے، تھوڑی بہت، ہلچل پیدا کی تھی۔ انہیں دنوں ہمارے گروپ نے "ادارۂ مصنفین نو" کا قیام عمل میں لایا اور ہندوستان کے جدید شاعروں کی پہلی انتھالوجی "آبگینے" کی اشاعت (۱۹۶۶ء) عمل میں لائی گئی۔ اس ادارے

کے تحت جدیدیت پر متعدد سمپوزیم اور سیمنار منعقد کئے گئے اور حیدرآباد میں بھی نئے رجحان نے پر زور نوعیت اختیار کرلی۔ اب یہ بات اور ہے کہ اس کے بعد یہاں وہ لوگ "امامان جدیدیت" کا روپ اختیار کر گئے جو کل تک اسے ادب کا کوئی رجحان تسلیم کرنے بھی تیار نہ تھے۔

۱۹۶۵ء میں الہٰ آباد سے "شب خون" کی اشاعت اور پھر ۱۹۶۷ء میں "نئے نام" کی اشاعت نے جہاں اس ادبی رجحان کو اس کی مستحقہ حیثیت و اہمیت عطا کی وہیں، اس صورتحال کے سبب، یہ رجحان سکہ بند نوعیت اختیار کر گیا۔ کیونکہ کسی بھی ادبی رسالہ میں اشاعت کے لئے اس کی حیثیت ضمانت کی سی تھی۔

۱۹۶۰ء سے ۱۹۶۵ء کے دوران دلی سے "تلاش"، "تخلیق" اور "محور" کی اشاعت عمل میں آ چکی تھی۔ لیکن اپنی انفرادیت کے باوجود، جدید ادب کا کوئی مخصوص "ٹائپ" ان رسائل کا مطمح نظر نہیں تھا۔ ان کے علاوہ لکھنؤ سے "کتاب" کی اجرائی عمل میں آئی۔ جس کا مقصد، ترقی پسندی اور جدیدیت میں ہم آہنگی پیدا کرنے اور اس رجحان کو ادبی ارتقائی عمل کا ایک لازمی مرحلہ قرار دینا تھا جب کہ "شب خون" نے (جو ابتداء میں معتدل انداز میں سامنے آیا تھا) جدیدیت کو ترقی پسندی کے مقابل اور مخالف ایک ایسی تحریک قرار دیا جس کے تانے بانے لاہور کے "حلقۂ ارباب ذوق" سے جا ملتے ہیں۔

انہی دنوں احمد ہمیش جلاوطنی کے انداز میں پاکستان سے حیدرآباد منتقل ہوا۔ شروع شروع میں یہاں کے ادبی حلقوں نے اس کی کچھ زیادہ پذیرائی نہیں کی۔ بلکہ اسے سنکی، نیم پاگل اور تماش بین تک کہہ دیا۔ جب اس کی ہمارے گروپ سے مڈبھیڑ ہوئی تو پہلے پہل سارتر کی وجودیت اور کافکا کے احمال و ابہام کے مسئلہ کو لے کر اس سے بحثیں ہوئیں جو بعد میں دوستی میں تبدیل ہو گئیں۔ "ڈربنچ میں گرا ہوا قلم" غالباً اس کی پہلی کہانی تھی جس نے سب

کی توجہ اس کی جانب مبذول کروائی۔ ۱۹۶۸ء میں وہ دوبارہ پاکستان منتقل ہو گیا۔

حیدرآباد میں، اس زمانہ میں "صبا" نے پہلے تو درمیانی اور معتدل رویہ اختیار کیا لیکن مخدوم کے انتقال کے بعد صبا بالکلیہ طور پر جدیدیت کا ترجمان بن گیا۔ بعد میں مغنی تبسم نے "شعر و حکمت" کا اجرا کیا۔ جس کا مقصد اس علاقہ میں جدیدیت کو مرکوز کرنا تھا۔ مخدوم کے انتقال کے بعد حیدرآباد میں ادبی اجارہ داریاں کئی اداروں میں مرکوز ہو چکی تھیں جن میں امدادی، ادارہ جاتی اور دیگر نوعیت کے ادارے پیش پیش تھے تاکہ حیدرآباد کے تمام ادیبوں، شاعروں اور فنکاروں کو اپنے حاشیہ میں شامل کر لیا جائے۔

اس پوری مدت کے دوران جس میں تاج مہجور، اکمل حیدرآبادی اور کیف رضوانی نے پرانی ڈگر چھوڑ کر نیا رنگ اختیار کیا۔ خورشید احمد جامی کی نئی انداز کی غزل جس میں تجسیم و پیکر تراشی نے پہلی بار مستقل حیثیت اختیار کی۔

مصحف اقبال توصیفی اور حکیم یوسف حسین خاں کی شاعری نمایاں ہوئی اور پھر انور رشید، اسلم عمادی، علی الدین نوید، علی ظہیر، رؤف خیر اور یوسف اعظمی وغیرہ ہمارے کارواں میں آ ملے۔ خلش کی تخلیقی صلاحیت اپنی اسی تلاش کے عمل کی ارتقائی صورت گری میں مصروف رہی۔ اب ان میں سے کئی ایک شاعر اگرچہ مشاعروں میں مدعو کئے جانے والے شعراء کی حیثیت سے اسٹابلش ہو چکے ہیں لیکن خلش اپنی مخالف "مطابق ماحول" فطرت اور طبع کے سبب اس زمرہ سے الگ تھلگ اسی ارتقائی مرحلہ وار اور مضطرب سفر میں محو ہے۔

۱۹۷۲ء میں ہمارے گروپ نے حیدرآباد کے نئے قلم کاروں کی تحریک پر دو روزہ "جشن پیکر" منایا جسے کئی اعتبار سے جدید طرز فکر رکھنے والوں کے پہلے کل ہند اجتماع کی حیثیت حاصل ہوئی۔ رؤف خلش نہ صرف اس جشن کی تیاری کمیٹی میں شامل تھا بلکہ اس نے اس اجتماع میں بالکلیہ فنی نوعیت کا ایک مبسوط پیپر بھی پڑھا تھا جو اردو الفاظ شماری، اردو ٹائپ

رائٹر، اردو خوشنویسی اور اردو انگریزی لغت کے ماہرین سے لئے گئے انٹرویو پر مشتمل تھا۔

۱۹۷۴ء میں ہمارے گروپ نے "حیدرآباد لٹریری فورم" (حلف) کے نام سے ایک ادبی انجمن کی تشکیل کی جس کا بنیادی مقصد حیدرآباد کے نئے ذہنوں کو ایک پلیٹ فارم پر لانے کے ساتھ ساتھ ان کی صلاحیتوں اور سرخ فیتہ والی دفتریت سے بھی بچانا تھا جس کی کم و بیش سبھی اس نوع کی انجمنیں شکار ہیں۔

'نئی رتوں کا سفر' میں ۱۹۶۲ء سے ۱۹۷۹ء تک کی جن نظموں اور غزلوں کا انتخاب شامل ہے، ان میں سے کئی تخلیقات میرے علم و آگہی کے مطابق اس مدت کے دوران از سر نو ترتیب و تدوین اور چھان پھٹک کے بے رحم مراحل سے گزری ہیں۔ اس انتخاب میں ایک پابند نظم (نیا پل اور ایک شام) کچھ معری اور کئی آزاد نظموں کے علاوہ نثری نظمیں اور غزلیں شامل ہیں۔

ان تخلیقات کا تنقیدی جائزہ میرا مطمح نظر نہیں، کیونکہ میں تجزیاتی تنقید کا قائل ہوں، یعنی اس کا یہی مطلب ہوگا کہ اس مجموعہ کے جملہ صفحات کی تعداد کو تین گنا کر دیا جائے، اسی لئے اس مرحلہ پر میں یہی چاہوں گا کہ تخلیق کو تنقید نگار و قاری کے لئے غیر مشروط چھوڑ دوں۔ اسی نقطہ نظر کے اعتبار سے میں نے اس پوری فضا اور پس منظر کا مختصراً جائزہ لیا ہے جس میں اس شاعری کی تخلیق ہوئی۔ اگرچہ اس میں ان ۱۸، ۲۰ برسوں کی تبدیلیوں اور خود رؤف خلش کی انفرادی شخصیت کے نجی، سماجی اور معاشی حالات سے ٹکراؤ کا میں نے جائزہ نہیں لیا ہے کیونکہ اس کا تجزیہ خود شاعری سے کیا جاسکتا ہے۔

یہاں اس کی وضاحت کردوں کہ انفرادی حالات کے منظوم بیان کو میں تخلیق نہیں سمجھتا البتہ ان حالات کے رد عمل سے وابستگی یا فرار کے اظہار کو تخلیق سمجھتا ہوں جسے زبان کے تیور یا اس کے بین السطور میں محسوس کیا جاسکتا ہے۔ مثلاً ۱۹۶۲ء کی نظم "مقتل میں" اور

۱۹۷۹ء کی نظم "میر اورثہ" میں تخلیق کے اس طویل بعد کے باوجود اگرچہ لفظیات اور اس کے برتاؤ میں شدید مماثلت پائی جاتی ہے لیکن دونوں نظموں کے تیور میں یہ گہرا فرق ہے کہ پہلی نظم میں جذباتی تناؤ اور بغاوت کے باوجود زیریں لہر کے طور پر تمنا اور امید پائی جاتی ہے جب کہ دوسری نظم میں احساس، مکمل ادراک بن چکا ہے اور اس کے سبب احساس نے تلخی کی بجائے درگزر اور بے اعتباری کا روپ اختیار کر لیا ہے۔ یہی فرق غزلوں کے تقابلی جائزے میں بھی محسوس ہوتا ہے۔

خلش کی پوری شاعری اس سیاق و سباق میں حد درجہ انفرادیت کی حامل اور تقلید یا الجھاؤ سے مبرا ہے۔ بیشتر تخلیقات میں کئی الفاظ نامانوس اور مصرعے خلاف محاورہ ہیں لیکن انہیں مترادف الفاظ سے تبدیل کرنا یا با محاورہ مصرعے ڈھال دینا ممکن نہیں۔ خلش کی استعمال کردہ انفرادی علامتیں، تخلیق کا اس طرح سے جز بن چکی ہیں کہ وہ اساطیری یا نیم مذہبی ہونے کے باوجود اجتماعی یا معروف علامتیں معلوم ہوتی ہیں کیونکہ اس کے شعری برتاؤ کا تعلق اظہار کے لفظیات اور علائم کے ساتھ گہرے انسلاک سے ہے۔ یہی رؤف خلش کی پہچان اور اس کا اسلوب ہے جو اسے ہم عصر شاعروں میں شامل بھی کرتا ہے اور ان سے الگ اس کے وجود کی شناخت بھی ہے۔

(۸؍جولائی ۱۹۷۹ء)

☆☆☆

رؤف خلش کی دو کتابیں

شاخسانہ

(شاعری)

شاخسانہ

حکایت نقدِ جاں کی

(مضامین)

بین الاقوامی ایڈیشن درج ذیل معروف بک اسٹورس پر دستیاب ہیں

Amazon.com

Walmart

Barnes & Noble